봄날

봄날

김경호 시집

도서출판 두엄

自序

짧지 않은 세월을 무엇에 쫓기며 살았는지
이제야 옷 한 벌 지으려 드니
내딛는 걸음이 가볍지만은 않다
시집의 1부는 최근에, 2부는 90년대 이후에,
3부는 80~90년대, 4부는 70년대에
씌어진 것들을 역순으로 묶어본다
잘 가거라, 내 청춘의 푸른 옹이들이여,
…………
서툰 이 첫 시집을
같은 시대를 살면서
힘든 강물 손잡고 함께 건너 준 모든 벗들과
나로 인해 가끔 불편했을 아내와 두 아들과
이젠 너무 먼 나라에 계신 스승과
여전히 마음에 들지 않는 세상에게
무순(無順)으로 바친다.

2012 이른 봄날, 대구분지 변두리에서
김 경 호

차 례

1부

2부

3부

4부

1부

그 문을 나서네

세상에 나
한때 누군가의 아들이었다가
어느새
아비가 되었네
설레던 열망이
늙은 엘피판처럼 빗금만 늘어나
늦가을 궂은비는
목덜미를 적시는데
젖어드는 카시미론 이불깃에서
아직도 따뜻한 밥상 기다리며
문득 뒤돌아보니
서른세 해,
함부로 숨 쉬며
물마셨구나

세상에나!!

몸

살아갈수록
상처에 손이 간다

손톱이 자라는 동안
왜 손금이 가려운지
새벽녘에 들어보는
늙은 레코드처럼
내 몸은 지지직거리는
유한반복의 날들

어제를 견디어 온
저 벽면의
수직 빗물자국
길게 흘러내리는
새벽

살아갈수록
상처가 가렵다

낫지 않는 깨진 상처 위에
푸른 별이 돈는다

동곡이 그리워지는 저녁

동곡이 어딘지 가본 적 없지만
비 내리는 오늘도
매운 양파 같던 하루
마음에 들지 않는 문자는 날아들고
밤새 성가신 모기떼가 떠도는
막걸리집 앞마당
늙은 감나무 가지에도 비는 내려
방천시장 텅 빈 골목
주인 떠난 가게들의 추억들만
젖은 깃발 되어 걸리는데
이 집은 동곡면面보다 더
사람의 소리가 북적이고

파전 향기에 취해가는 사이
설익은 편육만 나오고
소식 없는 양념장을 재촉하다가
양은주전자가 한없이 가벼워지는 저녁
어린 시절 우리가 기웃거렸던

빈 의자만 놓인 극장의 벽화 앞
낡은 전당포를 낀 골목은
언짢은 표정으로 서 있고
술이 과한 친구는 자꾸
내 말문을 막는데

동곡이 어딘지
가본 적 없는 우리
동곡막걸리에 취해
내리는 빗줄기를 바라보며
중년의 여름날은 스러지고
문득 빈 옆자리에
잊었던 이들 불러 앉히고 싶은
아무도 올 리 없는 재래시장 모퉁이
한때 열광했던
가객歌客의 노래도 그치고
늙은 고양이들 어슬렁거리는
슬레이트 지붕 아래

더운 바람 한 줄기 몰려와
오선지에 걸린
빛바랜 소망엽서를 읽고
오늘도 별이 뜨기를 기다리며
폐선처럼 녹슬어가는
여기는
어디에도 없을
동곡이 그리워지는 저녁

유등연지 1

못가에 앉아
도깨비바늘이라 쓰려다
도깨비하늘이라 썼네
우포늪에선 그리 많던 말
초겨울 유등연지에선 말을 잃네
바늘이면, 또 하늘이면 어떠리
못가에 밀려나
온기 없는 저녁 햇살 짧게 머무는
연밥 하나 주워드니
한없이 가벼워진
너의 빈 몸
다시 연지의 일부로
홀로 깊어지는 연밥에게
차마 지난여름 물을 수 없어
연지에 담긴 서녘 하늘
두고 나왔네
도깨비바늘만 한 움큼
달고 나왔네

유등연지 2

늙은 소 한 마리
저녁연기 내리는
용암온천 고개를 넘는다

잔설 희끗한 투우장
꽝꽝 빗장 걸린
돔형 지붕 아래 어디에도
사람들의 함성과
지친 소들의 입김은 없었다

사는 일이란 저렇듯
휘어진 등허리 마디마다
무수한 화살을 꽂고
늙은 소처럼
세상 진창에 엎디어 혼자
앓는 일이란 것을

사람 없는 투우장 지나

겨울 유등연지
눈물 뚝뚝 흘리며 쓰러진
홍련 대궁 보면서
나는 알았다

죽변항에서

사나운 바닷바람 발치에 쌓여
여행자는
더 이상 잠이 오지 않는
죽변항의 새벽 너와 내가
여행에 지쳐 잠든 동안 창 너머
저 파도 거친 모래언덕 더듬으며
몸살을 앓고 있는데
잠시 너의 이불 추스려
새벽을 기다려보지만
바닷바람 완강한 창문처럼
밤바다는 굳게 닫혀있다

낯선 이불깃 속에서도
고단한 잠 깨지 않는 아들아
지난 저녁 방파제 해장국집에서 만난
평생 처음 바다를 맞이하는
눈이 큰, 먼 나라의 어부
그에게는

저 울렁이는 바다가
밤새 그물질해야 할 감옥이리라

집어등 한 점 움직이지 않는
폭풍주의보 속 바다를 향해
저 등대불빛은 아직도
귀항의 신호를 보내는데
자고 나면 먼 나라
상추농장으로 떠날 너는
순한 그 어부 같은 이 만나면
지친 잔등 서로 감싸고
놀란 가슴 따뜻이
쓰다듬어주어라

그날 죽변항 새벽 네 시
오지 않는 아침을 기다리며
나는 너의 잠 밖을
서성이고 있었다

너는 왔네

활자 줍다가
나사 깎다가
동태대가리 자르다가
벽돌 지다가
남의 돈 세다가
빈 지게로 돌다가
이삿짐 싸다가
폐지 줍다가
찬밥 말다가
월세 독촉 받다가
닭모가지 비틀다가
마누라에게 악을 쓰다가

우리는 왔는데

기억이 안 난다고 했다가
아이들 장난이라 했다가
방방곡곡 모래성 쌓다가

강남 빌딩 월세 받다가
날치기 일삼다가
자연산이 아름답다고 했다가
그 처녀의 자식이라 했다가
오리발 내밀다가
그 자의 절친이라 했다가
세 번이나 부인하다가
개밥그릇도 태평성대라 했다가
끝내 소식 한 장 없다가

해가기 전, 모두 취해
안 보이는 친구 안부가 궁금한
예나 지금이나 세상의 변두리
더는 갈 데 없는 망년의 밤을
무엇이 그리워져

너는 왔는가

아직 멀었다

그는
65미터 사원 꼭대기 첨탑에
35년 동안
하루도 쉬지 않고
맨발로 올랐다고 한다
어둠이 내리면
깃발을 교체하기 위해

20미터 높이에서 미끄러져
떨어진 적도 있었지만
하나도 다치지 않았다며
웃고 있는 그

지구의 먼 서쪽 이 시각
65미터 사원의 첨탑에
그는 또 맨발을 얹고
그의 아내는 깃발을 손질하는데
언제나 펄럭이는 깃발만

생각한 그는 그의 작업에서
가장 두려운 것은 바람이라 했다

그래도 실감이 나지 않는다면
그것은 아파트 24층 높이
마음 다친 오늘 하루
고속으로 멀어져가는
텅 빈 엘리베이터에 오르며
남의 돈만 세다가 표정이 굳어
지상 위에서 단 한 번도
3미터 아래로도 떨어져 본 적 없는
나는

칼국수

흐린 낮이거나
마음에 들지 않는 점심에는
칼국수가 생각난다
어린 시절엔 겨울밤 보낼
근기 없는 끼니였지만
입맛만은 먼 지문처럼 남아
김이 나는 면발이 당기는 오늘

풀죽은 어제의 청방배추와
턱도 없는 보고서들과
씁쓸한 눈치의 시간들도
호박채로 잘게 썰어
푸지게 두세 그릇 삶아내
날된장 푸욱 찍어
청양고추 한 입 베어 물면
눈발 속 겨울 산맥도 이제는 풀려나오고

너는, 안경 너머 모니터를 향해

흘려야 할 진땀과
뿌려야 할 눈물 아직 남았다며
면발처럼 엉키지 말고
저 국물 속 배추처럼
후루룩 숨죽여 살라고
청양고추씨들은
밥상에 흩어져 하얗게 웃는다

청정봉화*

겨울비는 내리고
숨죽인 배추가 젖네
봉화에서 대구까지
절임배추 품고 온 청정봉화 종이상자
늦은 잠 털고 일어나
고물트럭 타고
청정봉화 집집마다 돌렸네
한 박스 내릴 때마다
비에 젖은 청정봉화
한 번 더 쓰러지고
한나절이 다 됐는데
청정봉화 도무지 줄어들지 않고
이젠 4층 계단 올라간 그 젖은 봉화
주인 없어 되돌아오고
젖은 목장갑이
나를 자꾸 세상 밖으로
밀어내는 오후
겨울비는 그치지 않고

마음 바쁜 비오는 날 이삿짐같이
근심 많은 동서同壻의 얼굴이 젖네
비 맞은 단풍잎 몇 장
시멘트 계단에서
파르르 떨고 있네

*청정봉화: 김장용 절임배추 포장상자의 이름

선짓국을 먹으며

새벽부터 벽걸이 TV는 자꾸
그녀의 편지는
가짜라고 우기지만
그녀의 자살은 진짜다! 라고
아무도 말하지 않는 아침
그들은 시린 등만 보이며
빛바랜 탁자에 앉아
늙은 찬모가 갖다 준
선짓국과
벽걸이 TV와 마주한다

신김치처럼 늙어가는
그들은 여전히 말이 없고
후루룩거리는 그들만의 방송순서 사이로
한 무더기 먼지바람이
김 서린 출입문을 통과할 때마다
저 혼자 선지는 굳어가고
기다려도

한때 젊은 애인이었을 그들에게
그녀의 편지는 끝내 도착하지 않았다

언제던가 세탁기에 넣었다
홀연히 사라진 양말 한 짝처럼
우리도 문득 세상에서 떨어져 나가
길을 잃을 테지만
아쉬운 수저를 놓고
먼저 일어난 그들이
찬 공기 속 뒷모습으로 나설 때
겨울바람은 낡은 신문을 뒤적이고
나도 또 다른 신김치로 남아있겠지만
늙은 찬모와 함께
저 가마솥 선짓국은
식지 않을 것이다
식지 않고 남아 내일도
늙어가는 그들을 기다릴 것이다

먼 곳

오늘도 기차는
그 소읍을
지나왔네

아직 손닿지 못하는
먼 가려움으로 남아있는
한때 네가 타고 내렸을
간이역을
기차는 무심히 떠나고 다시 오지만
너의 손때조차
기억하지 않는
저 개찰구 앞에서
한 때의 단풍잎 같은 웃음들은
손을 흔드는데

가을마다
석류나무 저 혼자 익어
붉은 눈물 머금는

내게는 그 먼 곳
이제는 지우며
오늘도 나는 그 역을
지나왔네

실레네 스테노필라

이름 없는 행성에서도
나무 한 그루는 꽃 피워
한 때는 등걸들만의 들판
풀씨 하나
깊이 감춰 두었다

하늘은 어두워져
삼만 년 동안
눈이 쌓이고
삼만 년 동안
바람은 눈밭을 쓸고 갔다

저 길고 먼
물결무늬 나이테를 지나
그 해 겨울 하늘에 밀려오던 오로라
그대를 만나기 위해
일천 백만 번의 해가 떠올랐다

줄기 하나 지상에 세워
다섯 장의 가는 꽃잎 밀어 올린
한 송이 하얀 패랭이꽃
어느 간빙기間氷期에서
그대는 내 가슴에 다시 걸어오나

영산포기행

금일휴업 홍어일번지 가게 앞
멋쩍은 기념촬영을 하며
반백의 허방* 선생이 웃는다

사천 통영 진주, 광주 나주 지나
숨 가쁘게 달려온 남도 땅
불 꺼진 등대만 영산포를 지키는데
흐르지 않는 천정천天井川에는
언 땅 휘저으며
철갑 공룡 몇 마리 낮게 울부짖고
남도 유배길 팻말이
저녁 어스름에 젖는다

기다려도 저문 포구에
그 배는 돌아오지 않고
홍탁 삼합
보리앳국에 취해
광주행 막차도 떠난 낯선 식탁엔

흑산도 먼 바닷속
그 진한 향기만
어둠처럼 깊어가는데

끝내 마지막 배
오지 않던 영산포
그날 밤 흘러 닿은 녹향 월촌
우리가 꾼 긴 꿈속엔
돛단배 가득 영산포에 모여
푸른 물결에 비치고 있었네
월남리 흥건한 달빛에 젖어
허방 선생 춤추고 있었네

*허방: 이승찬 화백의 호

모항에서

진도 세방낙조 해넘이의 여운도 잠시
땅거미 내리는 목포를 지나
변산 채석강 가는 길
캄캄하게 굽은 30번 국도 위로
언뜻언뜻 늦봄의 꽃잎들은 흩날리고
늦은 밤, 누군가 다녀갔을 모텔에 들어
보안등 불빛 어두운 모항을 보았다

오늘 하루 우리가 지고 온
저 길 위로
파도소리는 따라와도 보이지 않는데
진도에서 모항까지 여전히 말이 없던
너와 나는
오늘 밤 다른 꿈을 꾸며
낯선 향기의 밤을 맞이하고
새벽녘 밀물 드는 소리
소나무 숲 바람인 듯 깨어나
창문에 비친 흰머리를 만져보는데

아들아
네가 잠든 머리맡
밤새 물러났다 다시 돌아온 바다
너도 이젠 알 수 없는 너의 섬을 향해
홀로 헤엄쳐가야겠지만
해안선을 따라 깜박이는 불빛 바라보다가
나는 가만히
모항, 모항, 모항……
바다보다 아름다운 이름
혼자 발음해보면서
쉰 해 만에
내겐 지워졌던 이름
엄마가 생각났다
나의 엄마 생각하면서
흐려지는 모항을 오래 바라보았다

우포늪

그 바다, 억만 년 전
떠나지 못한 바다
저녁마다 금비늘 반짝이던
저문 강이 놓친
한때 바다였던 추억의 단층들,
이젠 썩고 썩어
소금은 진흙이 되고
파도는 밀려와 백로가 되어
왕버들 사이에 갇혀있는데

끝없는 뚝방길 헤매다 보면
한때 돌고래떼였을
저 비오리 가족
어미부터 나란히
한 마디씩 짧은 밑줄 그으며
낮달 쪽으로 기울어가고
모두 서두는 이 늦은 물가
한 번도 본 적 없는 그리움을 안고

땅거미에 묻어
도꼬마리도 길 따라나서는데

늦가을 저무는 우포늪
아득한 이승의 오솔길 따라
철새들도 둥지 찾아 떠난 빈 하늘
갈대꽃들 바람에 누워
화왕산 별빛을 세고
억만 년 만에 다시
길 떠날 바다
오늘은
내 꿈에 와서 출렁이네

조팝나무

어린 시절
하루의 두 끼는
멀건 나물죽으로 허기 달래던
날이 많았다

일찍 핀 참꽃도 연한 찔레순도
쓸쓸한 간식이 되던
배고픈 봄날
낮은 산 들머리 군데군데
하얀 물결 바다를 이루며
피어나던 꽃무더기들

큰 일 때나 먹어보던
소고기국과
윤기 흐르는 이밥
그 이밥이 생각나
이팝나무인 줄 알고 살았는데

이제 쉰이 넘은 내게
조밥도 아닌 것이
조팝나무란다
어느 날부터 자꾸
먹지도 못하는 조팝나무란다

천국통신

가을비 내리는 저녁
결리는 허리는 여전하신가?
젖은 퇴근길 나서면
공짜천국 옆 김밥천국
알바천국 옆 불신천국
개발천국 옆 행복천국
이웃한 천국들 반짝이며
빈 발걸음 멈춰 세우고
주소도 없는
천국의 푸른 지번들이
게걸음으로 기어나온다

천국에서도 청소부들은
플라타너스를 향해
힘겨운 로프를 던지고
지지 않는 저 이파리들
아직 무성한데
어느 천국을 경유해

너는 오는지
도무지 오지 않는
문양행行 지하철
한 무더기 서늘한 먼지바람만
불 꺼진 동굴에서 몰려나오고
어디에도 가 누울 곳 없는
여기는 천국천지다
귀소貴所 응답하라 오-버!

2부

내 낡은 옛집

늦은 겨울비가
수묵벽화를 적시는 오늘 밤도
야간국민학교* 나무난로는
기침을 한다

세상은
가도 가도 캄캄한 진창
젖은 구둣발로 빠져나와
빈 플라스틱 의자 위에
고단한 더듬이 내려놓으며
너는 아직
오지 않을 봄을 이야기하는데

저 빗물에 젖는 벽화 아래
나란히 쌓인
땔감들의 깊은 잠
마디마다 옹이를 안고 속살 드러낸
선연한 나이테

네가 젖은 양말 말리는 동안
저렇게 많은 세월은 홍수가 되어
사라질 숲을 쓸어안고 아프게 흘러가고
그리하여
활활 타올라 우리 눈보다 붉게
나무난로 달구어
겨울밤을 밝히지만

안개 내려앉은 낮은 산 아래
내 낡은 옛집
오늘도 저 혼자
불 밝힌 지 오래인데
나는 아직도 퇴근길
너무 멀리
돌아서 왔구나

*야간국민학교 : 동네 어귀 포장마차집 상호

근황

어이, 자네 이제 퇴근길인가
기다리지 않아도 가을은 와
은행나무 물들기 전에
그 열매 먼저 떨어지고
철거된 골목 빈 터마다
가로등조차 고개 젓는데
어디서 여태 빈 지갑 흔들다
이제 오는가

어린 시절 자네 고향
강가 과수원은 홍수에 묻고
코흘리개로 도회 변방 여기
다섯 살에 이사 나와
한동네서 사십오 년
한집에서 이십오 년
무슨 동장洞長할 일 있던가
요새 재주 좋은 자네 또래들
위장전입, 병역기피, 땅투기, 세금탈루

금의환향 행차하는데
아랫마실 돌산 아래 살아온 그 세월
자네 온기 없는 빈방엔
푸른곰팡이는 휘날리고 때로
비도 새지 않던가

그래도 아침이면 눈은 떠져
빛바랜 넥타이 매어보지만
봉급날마다 칼치떼 번쩍이며
뒤꿈치에 달려드는데
아득한 강물 같은 서른 해 출근길
부리는 이는 많고
부릴 이 없는 그 자리에서
돌려 세운 세월이 얼마인가

이제 그만 들어가게
자네 목소린 그 옛적
서리 내린 새벽길

빈 지게 없어 리어카 끌고
싸리비 매러 나가시던
그 어른 목소릴세

보게
저 앞산 용두골
해마다 송이 따던 우거진 솔숲 다 베어지고
아궁이마다 고기 타는 연기 매운데
어쩌자고 보름달은
저리 밝아, 이젠 영영 부엉이도 울지 않고
안부 하나 그립지 않을
이 빈 마을 휘영청 비추고 있는가

내산리內山理에서

—열쇠부대의 막내에게

내산리의 아침은
캄캄한 산들이 먼저
안갯속에 숨는데
저 먼 벌판 끝 그리운 민가民家의
깜박이는 불빛 속에도
아직 따뜻한 새벽은 묻어오고
불면의 지난밤 동안
몇 개의 국도를 갈아탔는지
동막골
실개천 끝에 닿았네

아침이면 너를 막아서는
저 적의에 찬 숲의 물결
서늘한 입김과 함께 달리는
내산리의 고단한 구령소리들
아직도 네 푸른 눈 속으론
낯선 바위와 계곡들이
달려들겠지만

돌아보면
대포가 떠난 빈 포상砲床엔
개망초 구절초 쑥부쟁이가 어우러지고
아비의 젊은 한 시절도
저 완강한 155미리 포砲다리 돌리며
곡괭이자루 춤추던 때가 있었다

너와 나는 신神의 아들이 아니므로
내가 함부로 건넌 강을
너도 건너고 말았지만
한탄강을 결코 한탄하진 말아라

저 말없는 산 속 눈에 띄지 않는
소나무 한 그루
남모르는 상처의 옹이처럼
네게 남은 노여움의 나날
저임금 노역의 시간도 견디다 보면
아픈 세월도 빛나는 나이테가 되고

미친 산
거친 강물도 언젠가는
첫 새벽 저 첩첩 먼 산들의
푸르른 실루엣으로
아침마다 시린 너의 가슴
따스하게
감싸 안는 그날 있으리니

새벽 편지 1

새벽에 일어나
유리컵 가득 양파순 무성한
책상에 앉으면
내 낡은 책꽂이 위에
추억의 머리카락은 먼지처럼 쌓이고
간밤 추운 창문들은
모진 겨울바람에 흔들리며
얼마나 오래 별빛을 세고 있었는지
모릅니다

창을 열면
저기 마주 보이는 피뢰침 위에
빈 거울 같은 상현달이 걸려
새파랗게 떨고 있는데
이 새벽은 언제나 막무가내
수많은 이들의
잠의 창문을 지나
성에 낀 차창마다 손 흔들며

기차는 달려오는데

나는 그대를 출발한
그 기차가
셀 수 없는 고통의 침목枕木과
불 꺼진 간이역을 지나
캄캄한 내 가슴속 터널까지
달려옴을 압니다
오늘도
쉬지 않는 기차를 위하여
침목은 가로로 누워
또다시 그대가
아프게 지나가기만 기다립니다

새벽 편지 2

안녕, 지금은
새벽 네 시
일찍 잠 깬 나무들 창가에 서성이고
저마다 지난밤
유리창의 물기를 닦아내며
새들도 숲을 빠져나오는데
아침잠 많은 너희 엄마
낮은 숨소리마저 조심스런 시간
숙취의 잠을 뜯어내며
찬물 한 잔 들이켜고 나면 벌써
근심 많은 하루는 대문을 두드리고
여벌의 와이셔츠는 어디 있는지
늘어진 바지 주름마저
길을 잃는
이 미명 속
낫지 않는 습진을 원망하며 오늘도
연고를 바르고
집 떠난 피붙이들은

어디서
고단한 지느러미 쉬고 있는지
늙은 아빠가 되면
더 그리운
너의 고향은
빈 마당가 잡풀 무성하고
골목마다 폐지 줍는
낯선 노인들 어슬렁거리는
등이 시린 지상의 오지
대한민국
에서, 보낸다

306보충대

아직 어둠이 걷히지 않은
처음 나서는
머언 새벽길
마른 기침소리 여기저기
무거운 침묵을 깨고
긴 안개 터널 속을 입영버스는
달리는데

저 창 밖 낯선 풍경을 보며
너도 어느새 더 이상
신기하지 않은 나이가 되어버리고
이십 년 푸른 벽오동 같은 너를
흙바람 이는
겨울 벌판
얼어붙은 연병장에 홀로 세워두고
물기 어린 구령소리도 뒤로하고

서산에 아직 남은 해 많은데

폭우에 불어나는
계곡물 빠져나오듯
서둘러 돌아오는 길

이젠 가까이가 잘 보이지 않는
안경을 닦으면서
나는 자꾸 흐려지는
풍경만 바라보고 있었구나

구두

큰아들 외국연수 떠나며
벗어둔 구두
혼자 남아 먼지 앉는 게 미안해
가만히 신어보네

문득 내디딘 발걸음이
허전해
뒷굽을 보니
닳은 굽 속에
작은 돌멩이 하나
들어앉았네

구두 속에 고여
달그락거리는
너의 발자국
생각하며
오랫동안
뿌연 봄 하늘 바라보았네

지하도를 지나며

미끄러지듯 금빛으로 빛나는
자동문을 지나
붉은 대리석 계단을 내려와
이 늦은 가을밤 우리는
잠시
침낭과 빈 박스를 안고
어디론가 흩어지는 그들을
뒤로하면서도 알지 못했다
롯데호텔 지하
보비런던 생맥주집에 앉아
우리는 지난해 대책 없이 살아온
아이엠에프의 날들을 기억하고 있는데
더운 나라에서 온 슬픈 악사들이 연주하는
밴드에 맞춰
따뜻한 너희는 신이 나는구나
"백 홈 어게인" 가락에 맞춰
먼 이국에서도 고향음악에 취하는
너희는 이 밤이 더욱 아름답지만

소주에 맥주까지 젖어
이제 눈까지 붉어진 우리가
더 이상 버티지 못하고
다시 그 지나온 지하도 바삐 돌아오는 길
어두운 지하상가 굳게 닫힌 철문 옆에
젊은 전경들 그림자로 서성이고
그 그림자 뒤로
그들의 아버진 듯, 형님인 듯
멍석처럼 누운 말없는 그들만의
이 밤의 중력을
우리는 지나며 가끔 뒤돌아보기만 할 뿐
기침소리만큼 온기 없는
금수강산의 밤은 깊어가는데
잠시 같은 위도에 있었지만
우리가 잠시 "백 홈 어게인"에 취해
눈 붉어있는 동안
같은 땅
지하 공간 담장 하나 사이에 두고

또 다른 우리들은
굳게굳게 오늘 하루 빗장을 닫아걸며
모진 겨울잠 청하러
서늘한 침낭 속을 찾아들고 있었구나
날이 새면
너희의 비행기는 고향으로 날아가는데

안동 가는 길 1

세월 가면

이제는 다 닳아 해질 줄 알았는데

날이 갈수록

한겨울 첫새벽같이

서리 내린 길

내 가슴에 붉은 녹물로

남아있네

안동 가는 길 2

안동시 운안동 옛집
양지쪽 툇마루엔 오늘도
살찐 고양이들의
오후의 잠이 묻어있다

홍수에 밀려난 그해 여름 이후
먼 강가에서부터
얼마나 많은 안개는 피어나
나를 미행해왔는지
여기는 아직 모래알만 서걱이는
엄동설한
마른 달맞이꽃 씨방에 갇혀
달그락거리며 살아온
세월들

긴 구비 돌아
저무는 골목 나서려는데
늙은 감나무 아래 서릿발 걷어내고

겨울 대파 한 움큼 뽑아주시며
파뿌리처럼 하얗게 웃으시던
당신
그 웃음도 함께
신문지에 싸안고 돌아오는 길

아직도 그 옛집 뒤안에는
쉰 해 넘도록
녹지 않는 잔설있네
언 손 불며
돌아올 수 없는
푸른 새벽길 나서시던
당신의 뒷모습

그 바람 거듭 벌판에 닿듯이

—대구상고 50회동기 졸업 30주년에 부쳐

기억하지
기나긴 겨울 행군 위로
퍼붓던 영하의 함박눈
북풍에 싸여 아득히 흐려지던
지평선의 불빛들

아무도 잠깨지 않던
이른 새벽
생애의 곡괭이로 언 땅 두드리던
그 깊은 겨울의 끝을

겨울밤은 늘
우리의 질긴 잠의 바깥에서
그물처럼 출렁이고
기억하는가
우리가 저마다
눈 덮인 산등성이 위에
묵묵히 떨어져 서 있던

서른 해의 세월

이제 이 벌판
그리운 겨울밤은 끝나고
수런거리는 계곡마다
침엽수림을 빠져나오는
저 눈부신 바람을 보아라

마른 풀잎은 풀잎끼리
돌멩이는 돌멩이끼리
이 거친 벌판 따스한 가슴마다
봄의 푸른 삽날은 부딪혀 오는 것을

이제 거두어다오
저 깊고 질긴 겨울의 그물은
우리의 발목마다 감긴
어둠이란 어둠, 침묵이란 침묵
다 거둬내고

막혔던 바람 벌판에 닿듯이
그 바람 거듭 벌판에 닿듯이
벗들이여
50년을 달려가자
100년을 노래하자

불갑사 꽃무릇

백로白露 지나 문득
머언 어느 늦여름
그대에게서 받은 엽서가
생각나
빛바랜 지도 위, 이제는 지워진
남도의 옛길 더듬어
푸른 새벽을 달려왔네

천 년을 장대비 맞아
선홍빛으로
다시 천 년은 연분홍으로
마침내 일제히 무릎 꿇어
잿빛으로 스러져
불갑사 대웅전 주춧돌 속
따뜻한 화석이 된 너는
이젠 꽃이 아니네

이제 겨우 반백 년

내 꿈속 그리움조차
불갑사 부처님은
말 걸어오지 않고
돌아보면 아득한 길
나는 너의 집 대문 앞을
늘 지나치며 살았구나

오늘은 불갑사 가랑비 속에서
꽃무릇 향기에 취해
내 갈 길도 잃어버리고
이제야 그대에게
주소 없는
젖은 엽서를 쓰네

농부 김씨

한여름 뙤약볕마저
가쁜 숨 몰아쉬는
여긴 이국 땅
토마토 하우스 너머
이 마을은
온통 고추밭 천지

한 해에 일만 번도 더
바랭이 뒤덮인 밭이랑에
삼보일배해야
청양고추 익어가고
자갈밭은 쭉정이 내어주는데

창백한 새벽잠에서 깨어나
아직 남아있는 어둠의 이슬을 털고
붉어지는 고추밭을 향해
썩어가는 감자밭을 향해

농부 김씨는
오늘도
고추포기보다 먼저 넘어지며
멧비둘기보다 먼저
새벽을 나서네

화왕산 오르며

화왕산 오르며
장삼 한 벌
지팡이 하나 남겨두고
입적하신 노스님을 생각했다

오늘
힘겨운 갈대밭 정상을
향하는 발걸음은 무거운데
먼저 올라온 너희는
"아빠 군대 갔다 온 거 맞나?"며
놀리고 섰지만

나도 이젠
산성山城에 올라앉아
몰아쉬는 거친 숨결
돌아보면 아득한
억새바람에 마음 베이며
살아온 마흔 해

때론 아빠도
이 등짐 벗어두고
무성한 숲길 벗어나
가시덤불 위에라도 잠시 앉아
쉬고 싶구나

화왕산 오르며
자욱한 먼지바람 속에서
정상頂上의 흰 구름과 너희들은
웃고 있지만

3부

대본리 가는 길 1

추령재 너머
바람이 부네
자욱한 먼지 속에
저무는 황톳길이 보이고
저녁노을에 젖어있는
감은사 천 년 석탑

가네
황사바람 드센 날
찔레꽃 피어 환한
풀덤불 넘고 넘어
대본리로 절며 가네

그 길 맞닿은
대종천 마른 돌밭 지나면
동해 바다
가득히
밀려오는 종소리

울고 있네
오오래 엎드린 사랑
오늘은 더욱 가까이서
종일토록
눈물 머금네

대본리 가는 길 2

—수로부인水路夫人調로

꿈빛일세
안개 깊은 함월산含月山
그윽한 산그늘에 앉아
오늘도 바라보는
동해 바다는

강릉 가는 머나먼 길
이 꽃버선 벗어
대종천 여울에 띄우고

오월 단오
쪽빛 바람결에 흔들리는
찔레꽃잎 따라
찔레꽃잎처럼 떠가는
꽃버선을 따라

토함산吐含山 너머
아득한 서라벌 저 하늘은

언제 열리는지

거북아
이 등짐 벗어두고
강물에 실려
동해로 갈까
만파식적萬波息笛 소리 은은한
동해로

거북아

생활

오늘도 하늘은 여전히 흐리고
아라비아 숫자에 갇혀
자욱한 미결의 먼지들만
책상 위에 쌓이고
우리는 결리는 옆구리에
저마다 붉은 소거消去키를 꽂고
낯익은 골목길로 흩어지는데
몇 개의 캄캄한 계단을 지나
내 영토
기진한 하루의 철문을 열면
일주일에 한 번쯤은
하늘에 별을 보지 않고
들어와야 하지 않겠냐고
곱게 눈 흘기던
아내의 마중도
이내 잠이 들고
함부로 구겨진 바지 같은 하루
어두워진 몸을 눕히면

자정 가까운 생활의 태엽도
이제는 풀려나오고
아내여
너의 꿈속
하얀 파도의 등을 따라가면
마당 가득히 감꽃은 떨어져
밤에도 환한
고향집 너른 마당을
너는 지금 걷고 있는가
오늘도 여전히 잠 못 드는 창 밖엔
휘파람새 소리
바람에 묻혀오는데

1999년 8월

그날은 참으로 평온하게 해가 떴지만 아침 출근길에 당신이 내 주머니에 지전 몇 장을 넣어주면서 아랫배가 자꾸 아파요 여보라고 얼굴을 찡그리는 게 언짢기는 하였지만 무더위와 외로움에 둘러싸인 채 너무도 평화로운 시가의 정경을 간간이 헬리콥터들이 흔들고 지나가기는 하였지만 거리마다 공장마다 느릿느릿 기계와 사람들이 한데 어울려 춤추듯 정답게 땀 흘리며 돌아가기는 하였지만 오전 열한 시 실내의 모든 에어크리너는 자동으로 켜져 붉고 푸른 눈들을 번갈아 깜빡이기는 하였지만 정오를 기해 장대비가 지나가는 도심지에는 일제히 윈도우 블러시가 창문마다 쉬지 않고 돌아가기 시작하면서 몇 대의 불안한 자동차들이 신호등을 무시한 채 로터리를 질주하기는 하였지만 그날도 오후에는 집집마다 육중한 철문이 열리고 새로 번식한 쥐들이 볕을 피해 쥐구멍을 빠져나가고 또 한차례 장대비 그리고 맑게 갠 하늘에는 지난밤 우리가 꿈꾼 일곱 빛깔의 피톨들이 둥글게 모여 앞산에 걸리는 것이 언뜻 보이기는 하였지만 그리고 해가 지고 아무것도 바뀐 것은 없었지만 너의 컴퓨터는 종일 네가 토한 숫자들을 본부에다 보고하고 있었지만 아침에 내가 빠져나온 그 푸른곰팡이의 방을 다시 찾을 때 나의 아내는 보이지 않고 에어크리너만 정전된 빈방을 지키면서 갸우뚱갸우뚱 고개를 젓기는 하였지만……

공원에서

가을날 오후
팝콘 같은 햇살은
이마 위에 흩어지고
그리운 사람들은
애인의 무릎을 베고
벤치에서 눈을 감는다
체육공원 활엽수 가지마다
붉게 고여 오르는 가을빛
하늘이 깊어갈수록
그리운 이들은 낮꿈에 젖어드는데
공터마다 녹슨 트럭들은
시멘트벽돌을 쉬지 않고 토해내고
그들이 꿈꾸는 세상 밖으로
트럭들의 바퀴 자국은 자꾸
무거워진다
먼지구름 속에서
연을 날리던
어린 아이도 돌아간

체육공원의 오후
긴 가로수 그림자가
결리는 어깨를 짚어오는
오늘도
오지 않는 전화를 기다리며
늙어가는 애인들은 무릎을 베고
잠이 든다

장도將島에서

저 혼자 천 년 전
먼 길 떠난
바다도
포말로 돌아오고
썩은 말뚝만 남아
청해진초등학교 앞을
서성이는데

퍼낼수록 끝닿지 못하는
우리의 갈증은
천 년의 말뚝으로도
해태목으로도
막지 못한
세월

땅 끝 찾아 여기까지
지고 온 길 내려놓으면
저 골 깊은

섬 뒤에도
내 무거운 등짐의 날들은
묻혀오는데

오늘은 남녘 바다도
섬과 섬 사이
안개에 갇혀
오래 엎드린 눈물
잔잔한 물살로 풀어내는 저녁
더는 갈 데 없는
저 바다는
붉게 녹슨 철조망인 것을

입추立秋 지나고

이제는 안녕
가을비 재촉하는 늦은 퇴근길이여
바람은 더욱 세차게 우리의 목덜미를 흔들고
모여있어도 아무도 보이지 않는
그 깊고 부드러운 어둠 속에서
이제 우리는
저 물방울처럼 흩어졌다가
더욱 낮은 곳에서 다시 만나는 것을
문득 낯선 골목을 지나치다가
빈터에 옹기종기 모여앉아
저리 열심히 비 맞고 있는
옹기들을 보면
젖어드는 침묵의 빛남을 만나면
우리의 슬픔도 어느 날
흙으로 빚어 달구어낸다면
결 고운 그릇으로 다시 태어나는 것일까
이제는 안녕
늘 미결로만 남아있던 나의 퇴근길이여

우리가 떠나온 빈방에서는
오늘도 추억의 푸른곰팡이들이
무성하게 어우러지지만
이 밤도 탁상시계의 긴 태엽을 감으며
우린 굳게 잠들어야 하는 것을
춥고 먼 전선에서 어느 날
내가 돌려받은
그대 수취거절의 편지처럼
그렇게 가을은 다시 오는가

임자도에서

장대비 맞으며 묵묵히
녹스는 바다 찾아갔네
새우 잡던 배들도
갯벌에서 길을 잃고
해안가 늘어서서
흐린 하늘 건져내던
해태목들,
갯벌은 해태목으로 이어지고
해태목은 장대비로 다시 이어져
이제 하늘도 섬도
소금의 눈물도 보이지 않고
한사코 앵글을 거부하던
전장포의 빗줄기

태초에 무채색이 있었지
이름 모를
낯선 섬마을 굽이돌면
비에 젖던 염전의 하루도

서둘러 저물고
달려도 달려도 장대비 따라오던
임자도의 진흙길
이승의 끝 같은
황토 십리 길

주남저수지

겨울들판에 가면 막혔던 마음
풀어놓을 수 있을까
긴 잠 깨어나
은비늘 반짝이며
오후의 저수지는
고여있는데

다가설수록 새들은
잔물결 뒤에 숨어
보이지 않는 점으로 흔들리고
한 때 별무리처럼 쏟아져 내리는
가창오리들의 군무群舞 시간도 잠시
물가에서 서늘한 우리들 식사도 끝나고

바람 자욱한 들길이 따라나서는
철새들 날갯짓 분주한
술렁이는 갈대밭 너머
엎드린 산 아래 마을마다

그리운 불빛은 돌아나는데

기다리는 나의 앵글을 거부하며
빈 하늘만 남아 흔들리던 하루
우리가 가 닿아
돌아오지 않을 곳 어디던가
그대 시린 손잡고 돌아서는 길
저무는 들길만 아득하였다
주남저수지 가서

호우주의보

비 내리는 오후
우리는 다시 이사를 떠난다
내 발가락에 지문처럼 남아 떨어지지 않는
습진 같은 하루를 생각하면서
흩어져서 나를 기다리는 책들과
때 묻은 카시미론 이불들을
바라보면서
나는 울컥 눈물이 났다
그래도 사랑하는 그대 뒷모습을
생각하는 동안은
하나 그립지 않던
이 빈방이었다
안녕, 나의 정다웠던 방이여
너를 향해 인사하면
이제 나를 들어낸 너는
기뻐하고 절망하며 새벽까지
낯선 여자의 차거운 살결을 생각하던
몇 날의 추억들도

이내 지워버리고
내 발가락 뗄 수 없는 이 습진의 슬픔도
잊혀가리라
잊혀지리라, 우리 모두
낯익은 골목 인도블록들이 트럭에 실려
황급히 로터리를 돌아 떠난 어제를 잊듯
고개 저으며 새삼스럽게 잊고 싶으리라
점심상을 물리고 서 있는
어린 동생들의 눈망울을 바라보며
나는 언짢은 하루를 데리고 떠나왔다
이제는 또 내일
우리는 낯선 방을 차지하고
카시미론 이불깃에서 젖은 아침이 깨어날 때
밖에서는 서늘한 비가 뿌리고
지난 유월
하지夏至 가까운 어느 날
우리의 쓸쓸한 뒷모습을 적시던
기나긴 빗줄기가 생각날 것이다

봄날

바람은
강을 거슬러 올라
나무들의 어깨에
기대어 잠이 들고
눈을 감으면
언 땅에서 풀려나는
시냇물 소리

개나리꽃은 피어서
설레는 마을을 덮고
낯익은 들판마다
천의 젖니를 반짝이며
돌아오는 강물처럼
저 결 고운 사구砂丘를
건너오시는 그대

그대 걸음, 걸음마다
꽃씨들은 눈부신 껍질을 벗는데

하얀 발목 빛내면서
잠든 아가의 숨소리처럼
내게 다가오는 이
그대, 누구신가

밤, 못가에서

바람은 보이지 않게
꽃을 지운 들판을 건너와
나뭇잎 위에 멈춘다
기다려도 푸른 어둠은 내리지 않고
우리는 지금 못가에 앉아
저 못처럼 젖은 눈 감고
고요히 운다
소리 없는 울음
한 못 가득히 모아보다가
젖지 못한 꿈만 수면 위에 떠돌고
이 사랑 아파옴이여
이 사랑 거듭 아파옴이여
못가에서
우리가 차지한 이 못만한
캄캄한 가슴, 이 못만큼
다 헹구어내고
세상은 지금 비어져
아픈 허리 감추고 쓸쓸히 잠들고 있다

사루비아

제 아픈 꿈에
젖어있는
얼룩
불타지 않고
스스로 스러지는 재 되고 싶은
여름 한나절
빠져버린
저리 깊은 잠

오늘 이렇게 어지러이 흔들리는
낙화의 순간
그대 차가운 입맞춤이여
차가운 입맞춤이여
불타지 않고
얼룩얼룩 얼룩져 오는 이 온몸
깨지 않는
이 몸부림

금오산 가서

바람이 불지 않아도
오래 기다린 꽃잎은 진다
비 오는 날 금오산 가서
나는 보았다
안갯속에 말없이 서 있는 숲과
숲에 싸여 흔들리는 시간을
어느 쪽으로도 바람은 불지 않았다
안갯속에 사람들은
어지러이 길을 찾는데
돌아보면 그늘 되어 사라지는
우리의 하루
이 길, 이 걸음만 잃어지지 않고
홀로 서 있어도
제 꿈에 젖을 줄 아는
바람 불지 않아도 서둘지 않고
오래 기다린 제 한 몸 버릴 줄 아는
그대여
나는 그런 나무이고 싶었다

씀바귀

바람이 불어왔어
바람이 일 때마다
내 몸에 날아와 따갑게
박히는 먼지
먼지 보면 먼지처럼 날고 싶었어
푸른 밤이 오면
꿈이 되지 않는 울음만 남아
떨어져 서서
다시 흔들릴지라도
이까짓 목숨 다시 풀어
캄캄한 하늘 건너고 싶었어
바람에 드러난 마른 뿌리
더욱 단단히 뻗으며
이제 다시는 쓸쓸하지 않기로 했어
떠나간 바람 기다리는
씀바귀처럼
이 끝없는 사랑으로 혼자
뜨거워지고 싶었어

CASIO Σ 352*

이것은 소거消去키, 이 열쇠만 있으면
오늘 하루가 지워지는 거야
이제 우린 무거운 철문을 올리고
지금부터 제로로 시작하는 거야
제로에서 아홉까지, 아홉에서 제로까지
언제나 가 닿으면
낭떠러지 같은 숫자의 끝
그 낭떠러지 천 길 밑을 내려다보며
자주 멀미를 하며
떨고 있었던 거야
그 나라, 아시아도 아프리카도 아닌
우주의 끝 같은 숫자의 나라
사막 대신 불타는 사막만큼
뜨거운 숫자들이 사는 나라
결리는 옆구리도, 하루의 허기도
내 사랑의 편지마저도
종이비행기 되어 되돌아와
신기루처럼 나타나는 나라

장미가 피면 장미는 보이지 않고
그 웃음과 향기만
온종일 떠도는 나라
거기에 가면 지워지는 거야
가라앉지 못하고 떠도는 먼지에 묶인
뿌연 녹색의 침엽수만 울창한 나라
그러나
이 붉은 소거키만 있으면
모든 것이 제로가 되는 거야
저마다 가슴에 육중한 철문이 내려오면
이 키를 꽂고
웃음도 사랑도 지워버리고
오늘 결리는 옆구리의 아픔도 잊고
잠드는 거야
하루 동안 지치고 나면
이 쓸쓸한 소거키를 안고

*CASIO Σ 352: 80년대 중반 은행에서 쓰던 창구출납회계기

안개

안갯속에
사랑하는 내 집이 묻히고
우리는 문득 길을 잃는다
내가 선 이 자리에서
한 장의 백지로 그대와
마주 설 때
질긴 물방울의 인력을 견디며
바람이 잠든 우리의 가슴속
저문 저녁의 숲은 자라고
좁은 길 위에
잃었던 내 발걸음이 보이고
지워버린 이름들이 책갈피에 쌓인다
가자
이 캄캄한 안개를 끌며
빈 들판에 갇힌
정다운 내 집을 찾아
가자, 지금
새봄 돋아나는 풀빛의 아침을 위해

멀리 나누어진 우리
아직도 안개는 손아귀에 잡히지 않고
한 걸음 그대에게 다가설수록
끝없는 그리움으로
빛나는 안개여

언 땅은 나의 삽을 거부하고

영하 이십이 도의 얼어붙은 산길을 걸어
우리는 일렬로 야영지에 닿았지
잠깐씩 녹슨 철모 위로 꾸이는 꿈들과
땀에 젖은 군장들 사이에서 우리는
겨울밤을 돌멩이처럼 흩어져 잠들고
지난여름 뜨겁던 이 벌판의 모래알도
지금은 서리 물고 엎드려 있는 것을
어디에 닿아도 그리운
풀빛 하나 보이지 않는 낯선 벌판
영하의 바람에 섞이어
또다시 한숨의 눈은 목덜미에 내리고
무거운 다리에 감겨오는
잠을 뜯어내며
울부짖으며 한 시대의 포성이 달려가던
몇 개의 능선을 넘고 넘어
움직이지 않는 겨울 강가에 닿으면
불길한 새들은
눈 위에 서성이고

기나긴 겨울 행군이 쉬는 내 나라
반도의 한구석
언 땅 위에 둘러서서
우리는 다시 힘겨운 삽질을 시작하고
포대경에 갇힌 산마을은
함박눈 속에 묵묵히
지워지고 있었지

1165부대

기억하지 그날 밤
5분대기 출동이닷 굼벵이들앗!
인사계 군홧발에 옆구리 채이며
미친 침상마루 몇 번을 굴렀는지
질긴 안갯속
영하 이십 도 불기고개의 새벽은
언제나 맨살로 달려오고
하얀 입김 먼저 선착순하는
내 청춘의
잃어버린 어금니
그 나라,
보급품 잃으면
외발로라도 뛰어가
남의 것 빌려 오라던
인사계 눈매는
탄약고 초소 앞
비 오는 숲길 지키던
허연 밤꽃처럼

아직도 가끔 꿈에 나타나
두 눈 부릅뜨고
내 옆구릴 또 걷어차지만
이제는 갈 수 없는
1165부대,
떨어지지 않는 무좀 같은
내가 살았던 국방색 하늘
기상나팔소리엔
욕지거리 먼저 생각나는
그 먼 나라

문혜리에서

오늘도 새벽까지 남아
별을 바라보았다
저 숲이 떠나간 마른 땅에도 별빛은
돌멩이마다 따뜻이 내리고
밤이면 침엽수림의
은밀한 가슴으로 다가와 꽂히는 별들
밤나무꽃 그 비린 향기 속에서
이 불면의 밤은 더욱 수런거리고
새벽과 별빛이 만나는
모래톱마다 잠시 멈추며
온 벌판 굽이치는 안개여,
지나간 깊은 밤은 우리에게
아무것도 주지 않았다
내 온몸을 떠도는 피만
이리저리 뿌리고 싶은 피만
온밤 내 저린 몸속을 윙윙 돌아다니며
낯선 산 아래 누운 내 잠은
거듭 가위눌리고

물탱크진지의 새벽은 늘
내 쓰라린 내장부터
힘겹게 찾아왔다

4부

겨울

겨울 속에는
한 마리 까치가
비상하고 있다

겨울 속에서
떨리는 손으로
나목의 뿌리를 흔들면
빈 하늘은
도시의 양철지붕 위에 내려와 앉는다

철없는 바람이
낮은 음성을 흘리며
가로수의 우의를 벗기고 있다
공원의 허허한 의자에는
우리를 비웃던
무서운 언어들이 얼어붙어 있다
아직도
그 무너져가는 겨울 속에는

한 마리 까치가 남아
흩어진 별빛을 주워 모으고 있다

부여행

안갯속에
한 누리
잠겨있는 젖은 세상
강 쪽으로 가고 있는 길

그 강 건너 벼랑으로 가면
숨죽인 나무들이 둘러 서 있고
벽화 속에 피어난 꽃
맑은 한 송이 풍경소리를

돌밭 위에서 뒤돌아보고
모래바람 끝에서
뒤돌아보아도
아득히 먼지만 와 앉고

이제는 강가에서 강둑까지
줄지어 돋아나는
배부른 씨앗들

든든한 숨소리 뜨거운데

마르는 풀잎의
아무도 말하지 않는 그리움
버려진 돌들도 날을 세우고
강 쪽으로 강 쪽으로 가고 있는 길

꿈

꿈을 꾼다
꿈꾸면 안 되는 꿈
올라갈 수 없는 나무들의 꿈
잠은 온밤 내
나의 머리맡에서 질척거리고
꾸어도 꾸어도 줄지 않는
꿈의 부피
도망치고 싶은 꿈
넘어져도 놓칠 수 없는 꿈에
나는 허리 굽히고
아침엔 더욱 힘겹게 밀려나는
꿈의 더미 더미
내 꿈은 깨어져 달아나
다시 나를 가위누르고
허리 짚고 서서
허리 짚고 선 나의 꿈을 무너뜨린다
쓰러지고 싶은 꿈
길을 가다가도 하늘이 무너지는 꿈

그러나 정말 버릴 수 없는 꿈
허술한 밤마다
성난 꿈은 나를 눕히고
더욱 나를 눈멀게 한다

풀잎 연가 1

군데군데 떨어져 피어나
떨어져 있어도
마음만은 다져 먹고
어지러운 하늘 속
가라앉지 못하는 먼지바람 하나도
버리지 마
밀리고 흩어진 벌판 위에
잠들지 않고 내리면서
굽은 등 펴고 눕게 하는 비
비 맞아도 젖지는 마
굽히고 잠들게 하는 어둠도
그리운 그대 이름도
이젠 따뜻한 아픔인 것을
군데군데 떨어져 피어나
떨어져 있어도 결코 쓸쓸하게
지워지지는 마

풀잎 연가 2

잠든 것들은 움직이지 않고
비를 맞는다
마른 가슴을 내리고
잠 깨지 못하고 서 있는 나무들
그 억센 뿌리를 키운 벌판을 향해
비는 내리고
풀잎들이 거친 바람에 쓸리고 있다
흔들리면서 그러나 모여 서서 꿈꾸던 하루
풀잎은 자라고
내 방에 흩어진 머리카락 같은 풀잎
허름하게 피어나 그러나 사랑하는
나의 질긴 풀잎이여
보아라 흔들려서 모든 것 눈뜨고
소리치고 달려가게 하는 아침
버려진 돌멩이와 젖은 모래알에서 깨어나
마르지 않는 아픔을 키우며
언 손 부비며 다시 피어날
새봄의 풀잎이여

잠든 것들은 움직이지 않고 다만
더 뜨겁고 무성한 꿈을 위해
비 맞고 있다

바람 속에서

꺾인 가지에 마른 잎 하나
매운바람에 불려가고 있었다

바람 속에 서서 사람들은
무너지듯 얼굴을 맞대고는 흩어지는데
플라타너스 빈 가지마다
그 잎만한 노을이 걸리면

어둠이 내려와 이리저리 밀리고
바람 속에 빗금 쳐 내리며
몇 개씩 끌려가는 비
허리를 치고 달아나는
뜨겁고 불안한 먼지들
먼지들도 불려가 버리고

바람 불어도 불릴 곳 없는 마른 잎 하나
그대 지워져가는 발자국을 따라
끝없이 기웃거리고 있었다

비 오는 날 1

비 오는 날
얼룩진 거리를 지나면
젖은 노래들이 흥청거린다

꽃집으로
젖은 꽃다발이 걸어 들어가고 있다
공중전화를 들고
젖은 목소리를 듣다가
젖은 노래를 부르다가
백화점 진열대 앞으로
젖은 구둣발이 둘러선다

우산을 든
아픈 모습들이
젖은 가슴을 풀어헤치고
젖은 노래 위로
마냥 걸어가고 있다

비 오는 날 2

비 내리는 저녁
이 우산만한 세상 받쳐 들고
그대와 나
젖은 길 걸으며
들키지 않게 젖기도 하고
목마른 풀잎에 내려와
풀잎의 이름만 적시는 비
젖어서 쓸쓸히 얼굴 버린
나무들
흔들리기만 하고 젖어서 숨죽여
울기만 하고
무너져 다져진 땅 위에
더욱 아프게 빗물은 고이고
세상 모든 달려가지 못하는
강물을 적시며
보이지 않게 혹은 흔들리지 않게
젖은 들판을 건너가던 비

비 오는 날 3

비가 온다
누가 비를 비라고 했나
한 번도 땅속 깊이
젖지 못한 비
한 번도 땅속 뿌리까지는 젖지 않을
비
세상은 오늘도 캄캄한 안개에 갇혀
바람만 분다
어디에도 이 비는
고이지 않고
아무도 젖지 않을 비
얼룩얼룩 얼룩으로 남아있는
이 뜬 눈 같은 비
이제 다시는
비라는 이름으로
사랑하지 않을 비

비 오는 날 4

비 오는 거리에 나서면
젖은 마음들이
바람소릴 내고 있다
연약한 플라타너스 가지 사이로
자욱한 아우성이 쏟아져 내리고
그래서
도시 근방의 나무들은 귀가 없다
살찐 풍경을 산책하는
우리의 무거운 마음들이
비 오는 날에 돌아보는 웃음은
레코드사 앞에선
4분의 3박자이다가
꽃가게 앞에서는
가끔씩 8분의 12박자로 젖는다
비 오는 날
우리의 젖은 사랑은
한 다발 꽃묶음으로
젖은 버스에 실려

송두리째 떠나고 있다
비 내리는 부두를 향해
말없이 떠나고 있다

비를 기다리며

바람을 안고 나무들이
멈추어 있었다
보이지 않게 이 벌판 떠돌며
빗방울은 빗나가고
머리숱이 바람에 젖는다
벌판은 죽은 강물을 버리고
세상은 어지러운 밤들을 버리는데
우리는 이제 다시 무얼 버리려는가
비를 기다리다
오늘도 저문 내 방에 돌아와
힘세지 못한 내가
동생의 꿈을 윽박지르고
동생은 지금 곤히 잠들어 있다
세상 모든 용서할 자 용서 받듯이
벽오동 한 그루
푸른 종아리로 우뚝 서서
그 푸르른 잎 하나
묵묵히 어둠 속에 던지고 있다

눈 오는 날 1

바람이 일고 있다
백지 위에 눈이 내리고
눈송이가 바람에 날리고 있다
하얗게 서 있는
나무들의 헐벗은 아침
나무들이 말없이
눈을 맞고 있다
눈발 속에서도
얼지 않는 말씀을 물고
까치가 한 마리
나무 위에 앉는다
눈 내린
나무 아래 서서 꿈꾸는
나의 아픈 옷자락이 하나
오늘도 눈보라에 흩날리고 있다

눈 오는 날 2

꿈꾸면서
저녁까지 꿈꾸고 일어나서
눈 내린다
밀려서 눈 감고 밀려가면서
옷자락도 떨리는 다리도
쓸쓸히 잠결에 서 있는 듯
눈 내린다
떠밀려서 내린 눈 이리저리
먼지 속에 섞이어 들어
밟힌 길들을 다시 덮고
저 사람들 등 뒤로 정답게 첫눈은 오는데
떠나간 그대 뒷모습은
보이지 않는다
캄캄하게 길도 아닌 길을
내가 간다, 먼지바람 속에
흔들리면서 서 있던 집들이
이젠 보이지 않는다

동화사 가서

입 닫고 묵묵한 들판을 건너
한 움큼 빠지는
내 묵은 머리카락
덜어내고 갔어
빈 숲이 내려와 길을 막고
깨진 돌멩이들
길 비켜 서 있는 곳
먼지들만 아득히
하늘에 못 박히고
나무들은 가지마다 가시를 달아
제 저린 몸 다시 찌르며
겨울바람 안아 견디고 있는
겨울, 동화사 가서
서리 물고 엎드린 땅
다시 밟아보고
그대 시린 손잡고 돌아오는 길
벗은 나무들만 우수수
푸른 낮달에 걸려있었어

창문

누나,
꽃밭으로 창을 내요
창문을 열면
꽃밭에서 숨바꼭질하는 아침은
새로 눈뜨는 마련이네요

난장이 비들이 내려와
밤새 수를 놓던 꽃밭에
곱게 비질한 우리의 마음은
한 송이
향기 맑은 꽃으로 피어요

이웃들은 의좋은 아침을 열고
아이들이 모여 노래를 하면
우리들도 노래를 할까요
이슬인 듯 이슬인 듯
눈물겨운 노래를 부를까요

누나,
꽃밭으로 창을 내요
그래서 사철 살아서 뜨는 아침을
맞이해요

*1977년 신라문화제 전국고교생한글백일장 장원작

뼈아픈 역순의 노래

—"풀잎 연가"에서 "몸"까지의 간극

정윤천(시인)

1. 초기 시에 서린 서정

시집의 자서에서 시인은 어눌한 눌변처럼 혹은 남의 일을 대하는 듯한 투덜거림처럼 간신히 첫 시집을 엮어내는 자신의 입장을 밝힌다. 이미 김경호 시인의 시집에 관한 소회는 벌써 여기에 다 놓여있었다. "짧지않은 세월을 무엇에 쫒기며 살았는지/이제야 옷 한 벌 지으려 드니/내딛는 걸음이 가볍지만은 않다/시집의 1부는 최근에, 2부는 90년대 이후에/3부는 80~90년대, 4부는 70년대에/씌어진 것들을 역순으로 묶어본다/잘 가거라, 내 청춘의 푸른 옹이들이여,"〈자서의 일부〉

그리하여 필자는 원고 뭉치를 받아들고나자마자 그의 50여 년의 시와 일과 눈물과 가족의 일생을 휘감아

돌아 나온 머언 강줄기의 파랑이 사뭇 궁금해지고 말았다. 한 사내의 한 생의 일기가 되어있을 법한 한 권의 시집이라니, 누추한 지붕머리와 삐그덕거리는 대문을 열어보기라도 하는 듯 연륜의 골이 깊은 그의 집 마당에 잠시 발을 들여보기로 하였다. 그러려니, 어디선가 동천의 하늘 저쪽으로 기러기 몇 마리가 날아오르는 것 같은 내 안의 환영의 시간 쪽으로 잠시 눈을 감아보게 되었다. 마음을 기울여 누군가의 시를 들여다보아야 하는 시간은 언제나처럼 그렇게 눅눅하고 무겁고 서늘함의 서정이 깃을 치듯이 쳐들어오고는 하였다. 오래된 버릇임을 어쩔 수 없다. 되도록 고요히 대하는 것으로 내가 맡은 '김경호 시인 시 읽기'에 관한 책무를 다해볼 작정이다. 어쩌면 고요해야만 보여지는 침잠과 침착의 경계에서라야 참답게 느껴지는 게 시의 모습이자 길이었는지도 모르는 일이었다.

잠든 것들은 움직이지 않고
비를 맞는다
마른 가슴을 내리고
잠 깨지 못하고 서 있는 나무들
그 억센 뿌리를 키운 벌판을 향해
비는 내리고

풀잎들이 거친 바람에 쓸리고 있다
흔들리면서 그러나 모여 서서 꿈꾸던 하루
풀잎은 자라고
내 방에 흩어진 머리카락 같은 풀잎
허름하게 피어나 그러나 사랑하는
나의 질긴 풀잎이여
보아라 흔들려서 모든 것 눈뜨고
소리치고 달려가게 하는 아침
버려진 돌멩이와 젖은 모래알에서 깨어나
마르지 않는 아픔을 키우며
언 손 부비며 다시 피어날
새봄의 풀잎이여
잠든 것들은 움직이지 않고 다만
더 뜨겁고 무성한 꿈을 위해
비 맞고 있다

—「풀잎 연가 2」 전문

나중에야 알게 된 일이었지만 위의 시편이 그를 두 번째 신춘문예(매일신문/1980년) 당선 지면을 차지하면서 주위에 그의 문력文力을 새삼 확인하게 해주었던 작품이라 하였다. 얼핏 새겨보는 중에도 처녀작을 내던 시절의 낭만성이며 한 편으로 어딘지 가냘퍼 보였던 시적 체취에서는 상당히 멀리 왔음을 엿보이게 한다.

그렇게 시행 속에 가로놓여 있는 "비"는 이 나라의 '80년대' 라는 시대의 비의悲意가 저절로 차용된 것처럼 여겨진다. 사실 이 점은 시인 자신이 미처 눈치 채지 못할 수도 있는 부분이며, 애초부터 마음먹고 작정한 바가 아닐 수도 있을 것이다. 하지만 아직 약관의 나이였을 그의 서정과 눈길 속에서마저도 "비"는 "억센 뿌리를 키운 벌판을 향해" "내리고" 있었던 것이다. 그러니 "풀잎"은 한사코 풀잎이어서, 당대를 견디었거나 살아온 너나들이의 누구에겐들 다시금 다시 '풀잎' 이어서, "흔들려서 모든 것 눈뜨고" "소리치고 달려가"고 "버려진 돌멩이와 젖은 모래알에서 깨어나/마르지 않는 아픔을 키우며/언 손 부비며 다시 피어"나 "더 뜨겁고 무성한 꿈"을 피우기 위해 비를 맞고 또 맞았다. 아니 맞는다는 것이다

그러니 이 시는 저 유명하고도 통속한(?) 김수영의 "풀잎"과도 하등 다를 바 없는 의미망과 세포로 구축되어진 모습을 보여주며, 한 편의 담대한 서정시로 돌올한 자리를 매듭하고 있어 보인다. 한 꺼풀만 더 깊게 바라보자면 "풀잎"의 견고함과 강건함에 대비하여 김경호의 풀잎 연가는 어딘지 감상적이자 풋풋한 선언적

취향의 너비를 도정하고 있어 보인다. 그러나 그것은 그의 시력에 대한 '설익음의 미학'으로 자리 잡아 부정적인 요소로 작용되지는 않고, 청년시인 김경호의 기질을 엿보게 하는 대목일 수 있었다.

초기 시를 대표하는 다른 시를 한 번 더 살펴보기로 한다.

비 오는 날
얼룩진 거리를 지나면
젖은 노래들이 흥청거린다

꽃집으로
젖은 꽃다발이 걸어 들어가고 있다
공중전화를 들고
젖은 목소리를 듣다가
젖은 노래를 부르다가
백화점 진열대 앞으로
젖은 구둣발이 둘러선다

우산을 든
아픈 모습들이

젖은 가슴을 풀어헤치고
젖은 노래 위로
마냥 걸어가고 있다

—「비 오는 날 1」 전문

비 오는 거리에 나서면
젖은 마음들이
바람소릴 내고 있다
연약한 플라타너스 가지 사이로
자욱한 아우성이 쏟아져 내리고
그래서
도시 근방의 나무들은 귀가 없다
살찐 풍경을 산책하는
우리의 무거운 마음들이
비 오는 날에 돌아보는 웃음은
레코드사 앞에선
4분의 3박자이다가
꽃가게 앞에서는
가끔씩 8분의 12박자로 젖는다
비 오는 날
우리의 젖은 사랑은

한 다발 꽃묶음으로
젖은 버스에 실려
송두리째 떠나고 있다
비 내리는 부두를 향해
말없이 떠나고 있다

—「비 오는 날 4」 전문

무엇보다 먼저 위의 두 시는 가사歌詞풍이다. 노래가 이르러 시의 문을 열고, 시의 아우라가 번져 노래가 되는 경지야말로 우리들 모두의 시인들이 바라는 정점이 아니었던가. 한편으로 김경호 시인의 시적 가능성의 일면이 자리한 지점을 필자 나름의 눈길로 살펴보게 되었다.

그리고 그는 위의 연작시를 통하여 아직 고등학생이라는 학생의 신분으로 일간 신문의 신춘문예에 버젓한 당선작을 올리게 된다. 지난 1977년 영남일보라 하였던가. 그는 그렇게 학생문사로 저 지난하고도 쓸쓸한 시업의 길에 한 발을 걸쳐놓게 되었다. 꽃집을 향해 걸어 들어간 젖은 꽃다발 같은…… 시에의 길을…… 지금도 우리들(시인들)은 "우산을 든/아픈 모습"으로 "젖은 가슴을 풀어헤치고" "젖은 노래 위로" "마냥" 걸어가고 있는 모습들이겠다.

다소 소년풍의 이미지가 출몰하는 〈비 오는 날 1〉에 비하여 아래의 시는 그 서술의 지향이며 풍유의 방식이 결코 녹록치 않게 느껴지는 위의가 서려있다. “도시 근방의 나무들은 귀가 없”고, “비 오는 날에 돌아보는 웃음”은, “레코드사 앞에선/4분의 3박자이다가” “꽃가게 앞에서는/가끔씩 8분의 12박자로 젖는”다는 것이다. 똑같은 방향에서 방향으로, 그리고 똑같은 모습과 질량으로 내리는 비를 풍경과 상황에 비추어 나누고 변주할 줄 아는 시심이 일찍부터 그의 가슴 안에 자리잡고 있었다. 비 오는 날을 따라 젖은 사랑의 꽃묶음 한 다발을 부두로 떠나보내는 김경호 시의 가슴에는 “귀가 없”어 듣지 못하는 우수의 정서가 깃들어 있고는 한다. 그렇게 그의 초기 시들은 먼 훗날에 이르러 만나고 직시하는 “몸”의 길을 향하여 언덕을 넘어간다. 또한 그는 생짜로 점철된 생애의 길목들을 거슬러 오르면서, 그의 시도 함께 따라서 무서리와 안개와 갈대밭처럼 서걱이는 미궁의 노정을 건넌다. 예나 지금이나 너에게나 나에게나 시의 길은 험로이며 다시금 드높은 길이었겠다.

2. 아픈 몸, 현실의 노래

컴퓨터 창에다 대고 "몸"이라고 한 번 쳐보았다. 검색어들을 헤아려보니 막상 몸은 없고, 몸빼, 몸짱 같은 단어들만 보인다. 합성어들뿐이다. 그렇다면 "몸"은 무엇이며 어디에 있는 것일까. 하기 좋은 말로 마음을 담은 그릇 정도가 몸이었던가. 아니, 요즈음의 사람들에겐 별스런 닦달의 대상이 되어 굶기고, 굴리고, 내돌려서 남에게 보기 좋도록 가꾸어야만 한다는…… 고해와 질시의 대상으로 읽히고는 하는 몸. 전락한 몸. 그리하여 정작으로 실체였을 몸은 영영 사라져 버리고, 어디에도 내 몸은 없고, 죽을 둥 살 둥 닦달하고 다그친 남의 몸 앞에서 군침을 흘리게 되는 몸. 몸만 잘 만들어도 '인간승리'가 된다는 몸. 그러기 위해서 칼과 망치를 들이밀어 뜯어 고치기도 하는 몸. 등급이 매겨져 팔기도 사기도 하는 몸.

'청년시인'이었던 김경호는 이제 귀밑머리가 희끗해진 자신의 일생이며 지난한 시력의 반생에 이르러서야 내놓는 첫 시집의 맨 앞장머리에 하필이면, 그 무슨 경각심이라도 일깨우려는 듯이 "몸"이라는 시 한 편을 간판처럼 매달아 놓았다. 그 시를 대하는 필자의 마음이 웬지 아프다. 몸이라는 단어가 아프고, 그 내용이 또한 아프다. 자식들이 모두 떠나간 늙은 슬레이트 지붕의 단칸방에 아직도 걸려있는 '가화만사성' 의 액자처럼, 이발소 그림처럼.

살아갈수록
상처에 손이 간다

손톱이 자라는 동안
왜 손금이 가려운지
새벽녘에 들어보는
늙은 레코드처럼
내 몸은 지지직거리는
유한반복의 날들

어제를 견디어 온
저 벽면의
수직 빗물자국
길게 흘러내리는
새벽

살아갈수록
상처가 가렵다

낫지 않는 깨진 상처 위에

푸른 별이 돋는다

—「몸」 전문

그에게, 그의 몸은 상처다. "늙은 레코드" 판이었고, "수직 빗물자국"이었으며, '가려움' 이었다. 아무리 둘러보아도 잘난 몸이 아닌 것 같다. 그러니 남에게 드러낼 만한 몸은 더더욱 아닐 것이다. 그런데도 불구하고 김경호 시인이 자신의 몸을 대하는 태도와 코드에서 남다름이 발견되는 지점이 있다. "살아갈수록/상처에 손이 간다"는 순간이기도 하지만, "상처 위에" 별을, 그것도 "푸른 별"을 돋게 하는 대목이다. 대개의 시들은 성찰을 통하여 시적인 외연의 문을 열어젖히거나 넓히는 것이겠지만, 성찰이 또한 너무 작위적이거나 인위적인 모습이었을 때는 어쩐지 가시처럼 목에 걸려서 잘 넘어가지 않는 것이 시행의 운명이다. 그의 시는, 상처의 순간과 그에 관한 토로는 별다른 가식 없이 가슴으로 다가온다. 사실은 '나' 에게도 있는 몸이었으며, 몸을 몸답게 바라보는 서정 때문일 것이었다. 따라서 몸에 관한 김경호 시인의 성찰은 한사코 자신의 몫이어서, 그는 어쩌면 한낮에도 초록에 휩싸인 한 채의 별집 같은 마음으로 제 길을 걷는 사람일 수도 있겠다.

어떤 이들은 제 몸을 너무 편파적으로 사랑하거나 집착하여서 거기에 뱀의 대갈통이거나 호랑이 발바닥을 새겨 넣는 경우들도 있다. 짠한 치들이 아닐 수 없다. 하지만 몸은 언제나 마음이거나 눈으로만 바라보아야 할 고독한 경외의 대상이 아닐까. 세월을 잘못 만나 요즈음 고생하는 몸들이 너무 많은 참에 김경호 시인의 "몸"시는 한참이나 필자의 눈길을 사로잡아 주었다.

동곡이 어딘지 가본 적 없지만
비 내리는 오늘도
매운 양파 같던 하루
마음에 들지 않는 문자는 날아들고
밤새 성가신 모기떼가 떠도는
막걸리집 앞마당
늙은 감나무 가지에도 비는 내려
방천시장 텅 빈 골목
주인 떠난 가게들의 추억들만
젖은 깃발 되어 걸리는데
이 집은 동곡면面보다 더
사람의 소리가 북적이고

파전 향기에 취해가는 사이

설익은 편육만 나오고
소식 없는 양념장을 재촉하다가
양은주전자가 한없이 가벼워지는 저녁
어린 시절 우리가 기웃거렸던
빈 의자만 놓인 극장의 벽화 앞
낡은 전당포를 낀 골목은
언짢은 표정으로 서 있고
술이 과한 친구는 자꾸
내 말문을 막는데

동곡이 어딘지
가본 적 없는 우리
동곡막걸리에 취해
내리는 빗줄기를 바라보며
중년의 여름날은 스러지고
문득 빈 옆자리에
잊었던 이들 불러 앉히고 싶은
아무도 올 리 없는 재래시장 모퉁이,
한때 열광했던
가객歌客의 노래도 그치고
늙은 고양이들 어슬렁거리는
슬레이트 지붕 아래

더운 바람 한 줄기 몰려와
오선지에 걸린
빛바랜 소망엽서를 읽고
오늘도 별이 뜨기를 기다리며
폐선처럼 녹슬어가는
여기는
어디에도 없을
동곡이 그리워지는 저녁

—「동곡이 그리워지는 저녁」 전문

일정 부분 난삽하게 읽히기도 하는 이 시는 살아간다는 일의 숨 가쁨과 휴식과 어울림 속에서 건져 올린 한 편의 생활시이자 자신을 둘러싼 작금의 현실에 대한 독백의 문장들로 얽히어져 있다. 그에게 시의 순간을 제공한 단서와 빌미는 "동곡"이었는데, 아니 "동곡 막걸리"라는 상표였는데, 까닭도 없이 "어디에도 없을 / 동곡이 그리워지는 저녁"을 어느 날의 눈앞으로 다다르게 해준 셈이었다. 현실에는 없을(어딘가에 있을지도 모를) 동곡은 시인의 상상력에 기다란 물길을 내어서는 결국에 "파전 향기에 취해가는 사이/설익은 편육만 나오고/소식 없는 양념장을 재촉하다가/양은주전자가 한없이 가벼워지는 저녁/어린 시절 우리가 기웃거렸던/빈 의자만 놓인 극장의 벽화 앞/낡은 전당포를 낀 골목은/언짢은 표정으로 서 있고/술이 과한 친구는 자꾸/내 말문을 막는" 시간 속으로 화자를 부려놓았다.

그렇게 역순으로 짜 맞춘 김경호 시집의 1부 시들의 주된 정서는 그리움과 폐허와 "남의 돈만 세다가 표정이 굳어버린"(김경호 시인은 평생을 은행원으로 지냈다) 불우의 포즈들이 간간 눈에 뜨인다. 하지만 그는 그 자리에 서서 "먼 곳"을 그린다. 가야 할 길이 아직도 많이 남아있어서, 돌아보는 힘으로 내일을 그린다. 그렇게 그는 소년 시절에 시작된 시의 길(풀잎에 대한 연가로부터 출발하여 자신의 낡아빠진 "몸"으로 까지 걸어온)이 읽혀진다. 그리하여 이제는 누구에겐들 있을법한 회한과 상처의 극복이 어쩌면 남아있는 김경호 시인의 생이자 그의 시가 담당할 무게처럼 여겨졌다.

오늘도 기차는
그 소읍을
지나왔네

아직 손닿지 못하는
먼 가려움으로 남아있는

한때 네가 타고 내렸을
간이역을
기차는 무심히 떠나고 다시 오지만
너의 손때조차
기억하지 않는
저 개찰구 앞에서
한 떼의 단풍잎 같은 웃음들은
손을 흔드는데

가을마다
석류나무 저 혼자 익어
붉은 눈물 머금는
내게는 그 먼 곳,
이제는 지우며
오늘도 나는 그 역을
지나왔네

—「먼 곳」 전문

3. 새벽 편지의 시, 결어結語

나는 그대를 출발한

그 기차가

셀 수 없는 고통의 침목枕木과

불 꺼진 간이역을 지나

캄캄한 내 가슴속 터널까지

달려옴을 압니다

오늘도

쉬지 않는 기차를 위하여

침목은 가로로 누워

또 다시 그대가

아프게 지나가기만 기다립니다

—「새벽 편지1」 부분

김경호 시인의 시편들 대부분에는 화려한 수사나 과도한 장치가 없어 우선적으로 읽기에 편안하다는 미덕을 지니고 있다. 허구가 난무하는 지금의 시단의 세태 속에서, 일견 언어의 진실성에만 기초하여 바라본다면 이런 부분은 한 시인의 커다란 장점이 될 수 있어 보인다. 하지만 그것만이 시의 본령이거나 저마다의 시인들이 추구하는 극한의 고뇌일 수는 없다는 생각이다. 그렇다면 김경호 시인의 시적 한계와 극복의 경계는 어쩌면 이 지점에 가로놓여 있는 것이라고 말할 수 있을 것이다. 개인적인 일상과 자잘한 바라봄에서 뛰쳐

나와 수직을 가늠하는 상승의 언어에 관한 추구, 비상과 차가움을 동반한 솟구쳐 오름과 떨어져 깨지기도 하는 존재에 대하여 바라보는 각성과 성찰, 일상성을 간직한 소재들에 대한 경계들이 향후의 그의 시 세계를 더욱 풍성하게 하리라는 마음을 얹어본다.

어렵게 건너온 그의 시와 반생의 역정이 남은 날의 고투를 통하여 더욱 광휘롭기를 바라면서, 첫 시집의 상재를 기쁜 마음으로 축원하기로 한다. 거칠게 살펴본 시 읽기를 서둘러 마치면서, 끝으로 평생을 바쳐온 그의 은행원의 일상이 아로새겨진 '자화상'에 다름없을 시 한 편을 곡진한 마음이 되어 말미에 놓아 보았다.

오늘도 하늘은 여전히 흐리고
아라비아 숫자에 갇혀
자욱한 미결의 먼지들만
책상 위에 쌓이고
우리는 결리는 옆구리에
저마다 붉은 소거消去키를 꽂고
낯익은 골목길로 흩어지는데
몇 개의 캄캄한 계단을 지나
내 영토
기진한 하루의 철문을 열면

일주일에 한 번쯤은
하늘에 별을 보지 않고
들어와야 하지 않겠냐고
곱게 눈 흘기던
아내의 마중도
이내 잠이 들고
함부로 구겨진 바지 같은 하루
어두워진 몸을 눕히면
자정 가까운 생활의 태엽도
이제는 풀려나오고
아내여
너의 꿈속
하얀 파도의 등을 따라가면
마당 가득히 감꽃은 떨어져
밤에도 환한
고향집 너른 마당을
너는 지금 걷고 있는가
오늘도 여전히 잠 못 드는 창 밖엔
휘파람새 소리
바람에 묻혀오는데

—「생활」 전문

봄날

2012년 3월 5일 초판 1쇄 찍음
2012년 3월 13일 2쇄 찍음
2012년 4월 2일 3쇄 찍음

지은이 _ 김경호
펴낸이 _ 나문석
펴낸곳 _ 도서출판 두엄

등록번호 _ 제03-01-503호
주소 _ (700-441) 대구광역시 중구 남산3동 582-7번지
대표전화 _ (053)423-2214
전자우편 _ dueum@hanmail.net

ISBN 978-89-85645-37-9 03810